浪花朵朵

放大镜君和家中的科学

[日]上谷夫妇 著　[日]左卷健男 监修

程俐 译

花山文艺出版社

河北·石家庄

大家好，我是放大镜君！

我喜欢探索事物的奥秘，
最喜欢问"为什么"。

只要环顾四周，你就会发现，
生活中存在很多不可思议之处。

皮球为什么会弹起来？
电视机是怎么显示颜色的？
一旦开启了思考，我就兴奋得睡不着觉……

我们的家里，其实到处隐藏着科学的秘密！
跟我一起来探索家中的科学吧！

出发！

放大镜君的家

我的家中都藏着哪些秘密呢?

浴室、盥洗室、洗手间

为什么镜子能照出人影?

卫生纸和面巾纸有什么不同?

胶水为什么能把纸粘在一起?

皮球为什么会弹起来?

放大镜君的房间

目 录

第3章 浴室和卫生间里的秘密

客厅里的秘密

本 书 的 使 用 方 法

「**Q**」代表"question"，是提出问题的意思。

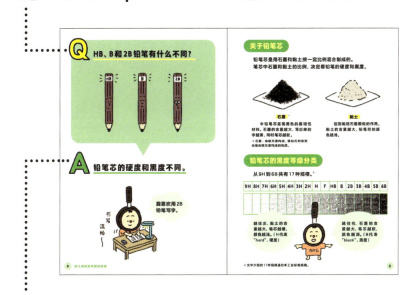

「**A**」代表"answer"，是回答的意思。
在此之后会对答案进行详细解说。

第1章 放大镜君 房间里的秘密

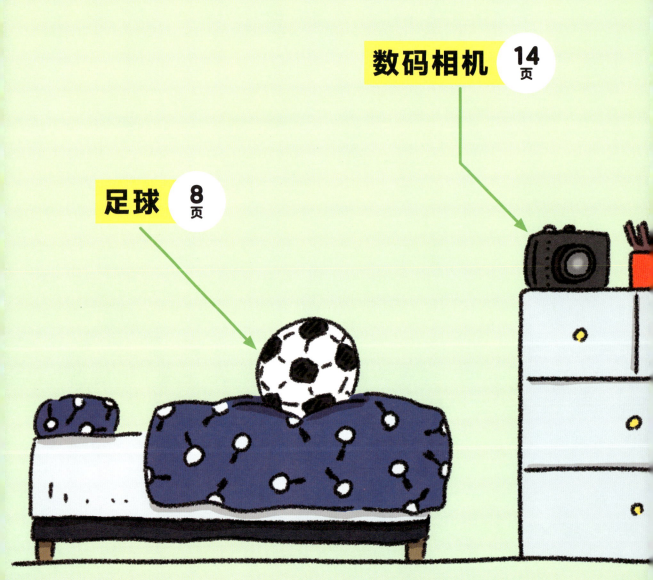

数码相机 14页

足球 8页

放大镜君正在努力学习，好认真啊。

咦，书桌上的铅笔有HB和B两种，该用哪一种呢？

说起来，HB和B的铅笔到底有什么不一样？

一旦开始思考"为什么"，问题就停不下来了。

让我们一起来找找，放大镜君的房间都有什么秘密吧！

胶水 12页

铅笔 4页

垫板 10页

 **HB、B和2B铅笔有什么不同？**

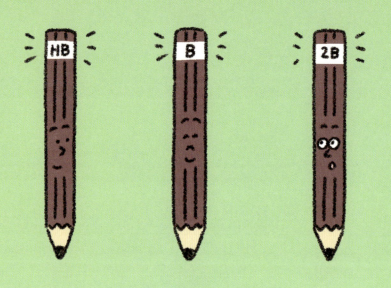

 **铅笔芯的硬度和黑度不同。**

我喜欢用2B
铅笔写字。

书写流畅～

关于铅笔芯

铅笔芯是用石墨和黏土按一定比例混合制成的。
笔芯中石墨和黏土的比例，决定着铅笔的硬度和黑度。

石墨 ※

令铅笔芯呈现黑色的基础性材料。石墨的含量越大，写出来的字越黑，同时笔芯越软。

※石墨：由碳元素构成。像钻石和煤炭也是由碳元素构成的物质。

黏土

起到黏结石墨颗粒的作用。黏土的含量越大，铅笔芯的颜色越浅。

铅笔芯的黑度等级分类

从9H到6B共有17种规格。※

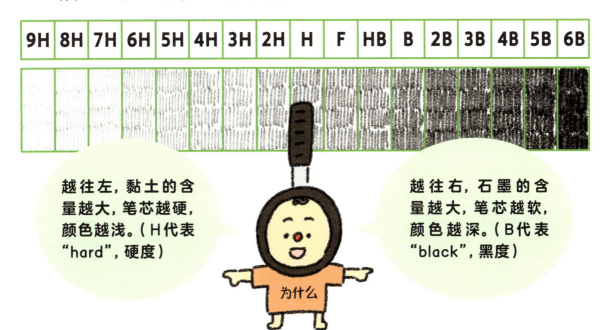

9H	8H	7H	6H	5H	4H	3H	2H	H	F	HB	B	2B	3B	4B	5B	6B

越往左，黏土的含量越大，笔芯越硬，颜色越浅。（H代表"hard"，硬度）

越往右，石墨的含量越大，笔芯越软，颜色越深。（B代表"black"，黑度）

※文中介绍的17种规格是日本工业标准规格。

关于铅笔的各种知识

铅笔可以用来写字和画画的原因

铅笔芯在受到纸张摩擦后,会碎裂成非常细小的粉末,这些粉末进入凹凸不平的纸面,就形成了笔迹。

写写

画画

❶ 因为纸面凹凸不平……

纸张表面放大图

❷ 细小的笔芯粉末进入纸面。

许多铅笔粉末

铅笔适用于哪些地方

容易写

纸

木制玩具

等

不易写上

沾湿的纸　**勺子**

玻璃瓶　**塑料尺**

等

在潮湿或光滑的物体表面,因摩擦力小,铅笔芯不易留下笔迹。

为什么

橡皮可以擦去铅笔字迹的原理

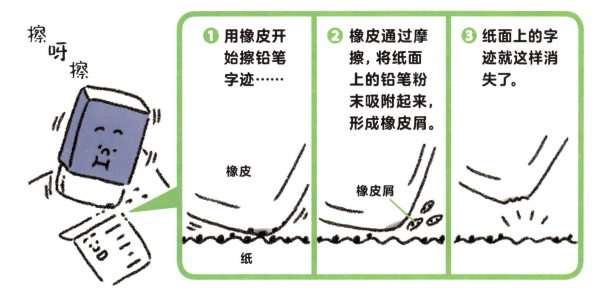

擦呀擦

❶ 用橡皮开始擦铅笔字迹……

橡皮

纸

❷ 橡皮通过摩擦，将纸面上的铅笔粉末吸附起来，形成橡皮屑。

橡皮屑

❸ 纸面上的字迹就这样消失了。

橡皮无法擦掉彩色铅笔字迹的原因

擦呀擦

❶ 彩色铅笔的笔芯成分与普通铅笔的不同。

颜料
呈现色彩的成分，由矿石等材料制成。

蜡
也是蜡烛的主要原料，起到凝固颜料的作用。

❷ 彩色铅笔粉末的颜色会渗入纸张内部。

渗入～…

❸ 颜色已经渗入纸张内部，超出了橡皮能够擦拭的范围。

皮球为什么会弹起来？

因为当皮球的形状发生改变时，会产生恢复到原来形状的力。

原理解说

当皮球撞击地面之后，形状发生改变，球体的橡胶和内部的空气会产生一股恢复到原来形状的力量，即"弹力"。弹力的方向与使物体产生形变的外力的方向相反，这股力量被传到地面后会让球反弹回来。

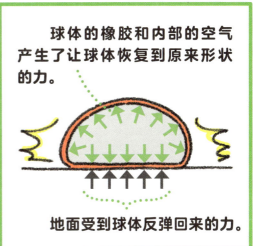

球体的橡胶和内部的空气产生了让球体恢复到原来形状的力。

地面受到球体反弹回来的力。

足球和硬式棒球的内部结构

足球的内部是充气的，充了气的足球很容易弹起来。硬式棒球的内部填充的是其他材质，所以不易弹起来。

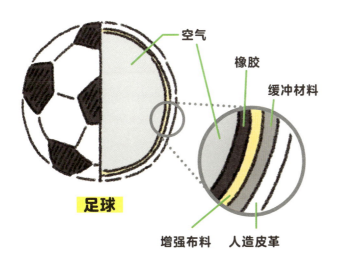

足球

空气
橡胶
缓冲材料
增强布料　人造皮革

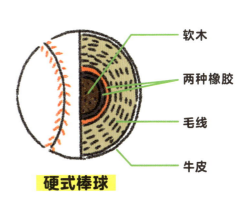

硬式棒球

软木
两种橡胶
毛线
牛皮

 用垫板摩擦头发，为什么头发会被吸到垫板上？

笔记本

 因为摩擦时产生了静电。

头发被吸起来了！

为什么

原理解说

　　所谓静电，是指不流动的电荷。当两种物体相互摩擦，一方物体上聚集了正电荷，另一方物体上聚集了负电荷,正负电荷之间相互吸引，头发就被垫板吸了起来。

产生静电的过程

1 用垫板摩擦头发。

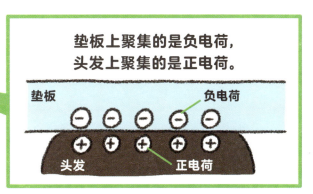

垫板上聚集的是负电荷，
头发上聚集的是正电荷。

垫板　　　　　　　　　　　　　　负电荷
－　－　－　－　－
＋　＋　＋　＋　＋
头发　　　　　　　　　　　　　　正电荷

2 头发被垫板吸了起来!

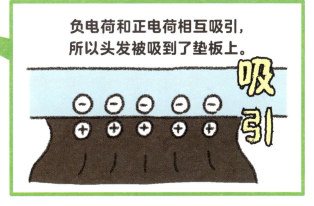

负电荷和正电荷相互吸引，
所以头发被吸到了垫板上。

吸引

静电相关现象

轰隆!

冬季容易起静电

天气干燥容易产生静电，聚集在体内的静电荷流向了金属门把手。

雷电

积雨云经过对流等过程产生电荷，积攒到最后产生放电的现象。

穿毛衣时"噼里啪啦"的声响，也是静电的表现。

Q 胶水为什么能把纸粘在一起？

 A 因为胶水渗入凹凸不平的纸张表面后，凝固了起来，将纸张粘在了一起。

涂啊涂

放大镜君
小玩偶

用显微镜观察看似光滑的纸张，可以看到纸面其实是凹凸不平的。在上面涂上胶水，就会填充纸面的凹凸处。待到水分消失，胶体凝固，纸张就牢牢粘在了一起。

例 **在信封的封口涂胶水时**

❶ 胶水渗入纸面凹凸不平的地方。

❷ 纸张重合部位的凹凸之处也布满了胶水。

❸ 过一会儿水分消失，胶体凝固。

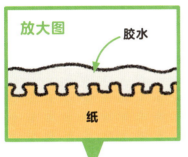

放大图　胶水　纸

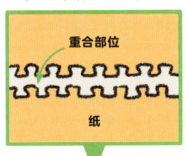

重合部位　纸

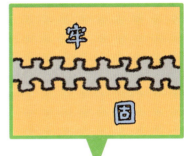

牢　固

固体胶

粘在一起

液体胶和固体胶

液体胶中含有较多水分，虽然涂抹起来相对方便，但纸张会吸收其中的水分，容易起皱。而固体胶中所含的水分很少，所以不容易起皱。

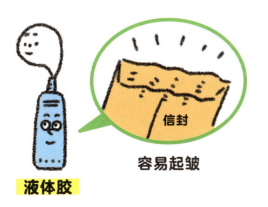

信封

容易起皱

液体胶

不容易起皱

固体胶

 **数码相机的成像原理是什么？**

 相机中的图像传感器和图像处理引擎，会将进入镜头的光线转换为图像数据。

咔嚓

视觉与光线的关系

　　无论是用眼睛看物体，还是拍照，都需要光线。照射到物体上的光线进入人眼后，眼睛就能感知到物体的形状和颜色了。

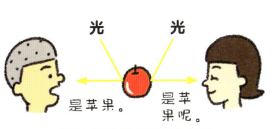

有光才能看见物体

漆黑一片……　什么也看不见。

没有光就看不见物体

照相机的构造和人眼的构造相似

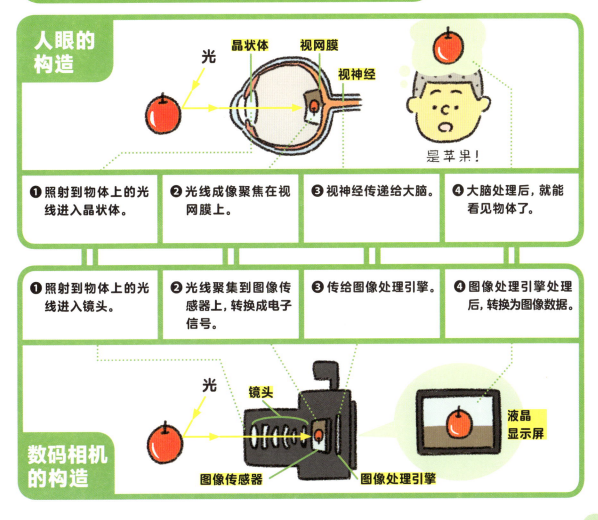

人眼的构造

光　晶状体　视网膜　视神经

是苹果！

❶ 照射到物体上的光线进入晶状体。

❷ 光线成像聚焦在视网膜上。

❸ 视神经传递给大脑。

❹ 大脑处理后，就能看见物体了。

❶ 照射到物体上的光线进入镜头。

❷ 光线聚集到图像传感器上，转换成电子信号。

❸ 传给图像处理引擎。

❹ 图像处理引擎处理后，转换为图像数据。

数码相机的构造

光　镜头　液晶显示屏

图像传感器　图像处理引擎

数码相机的内部结构

数码相机中的零部件可以把拍摄物体瞬间转换成画面。

数码相机有许多种类，这里我向大家介绍的是"无反光镜可换镜头相机"（简称"无反相机"）。

液晶显示屏
显示已经拍摄的照片。

存储卡
储存已拍摄的照片数据。

电池
提供电力支持。

图像处理引擎
处理由图像传感器传来的信号，并将其转换成图像数据。这里是数码相机的关键部件。

镜头卡口
拆装照相机镜头的部件。

闪光灯

可以瞬间发出强光,让使用者在昏暗的地方也能拍摄。

图像传感器

收集进入镜头中的光线,将这些光线转变成信号后,传给图像处理引擎。

镜头

光线进入的部位,由多块镜片组成,以便拍到清晰的图像。镜头可以更换。

光圈

镜头中改变进光孔大小、调节进光量的装置。可以根据周围亮度开闭,控制进光量。

各种各样的镜头

镜头不同,成像效果也不同。

望远镜头

可以把远处的物体拍得很大。

微距镜头

可以把微小的物体放大拍摄。

鱼眼镜头

一种视角接近或等于180°的镜头,常用于全景拍摄,成像效果夸张变形。

第2章 厨房里的秘密

你吃过纳豆吗？虽然它的气味不好闻，却是放大镜君最爱的食物。
但是，纳豆为什么会有这么难闻的气味呢？是因为变质了吗？
看来，厨房里也藏着不少秘密。
让我们跟随放大镜君，一起来探寻厨房里的秘密吧！

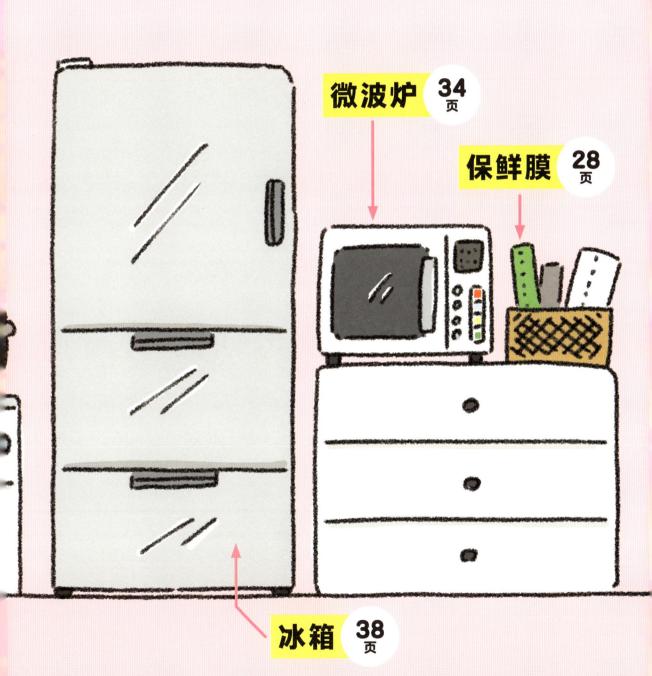

微波炉 34页

保鲜膜 28页

冰箱 38页

纳豆的气味难闻，是因为变质了吗？

黏糊糊

 **纳豆的气味是因为发酵产生的，而非变质。**

好吃！

好吃！

"发酵"与"变质"的区别

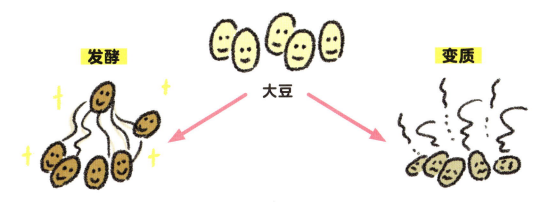

发酵

大豆

变质

微生物将食物转变为
对人体有利的状态。

微生物将食物转变为
对人体不利的状态。

纳豆的制作过程

❶ 将黄豆清洗干净后，在水里浸泡。

约 20 个小时

❷ 将黄豆煮熟后，撒上纳豆菌。

撒
一
撒

纳豆菌

❸ 装入容器，先在发酵室里发酵，
再放入冰箱里冷藏。

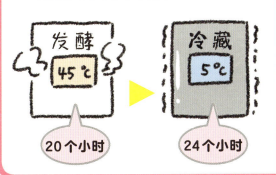

发酵 45℃

冷藏 5℃

20 个小时

24 个小时

❹ 大功告成！

生活中常见的

黄豆酱

在蒸煮后的黄豆中拌入米曲霉发酵后制成的调味料。

酸奶

在经过加热灭菌的牛奶中加入乳酸菌发酵后，凝固而成的奶制品。

乳酸菌饮料

将牛奶用乳酸菌或酵母菌发酵后，再加入果汁等调味。

奶酪

将牛乳或羊乳浓缩后，用乳酸菌发酵制成。有些奶酪会用到霉菌。

可以分为三大类！

用于发酵的微生物

细菌
乳酸菌等

霉菌
曲霉等

酵母
面包酵母等

发酵食物和饮品

面包

在面团中加入酵母发酵后，面包才会变得蓬松柔软。

醋

由大米或果实酿造，使用醋酸菌等进行发酵。

泡菜

在白菜中加盐和辣椒等调味料进行腌制，之后经乳酸菌发酵而成。

酸笋

将竹笋水煮后经发酵，再干燥调味而成。

鲣鱼干

将鲣鱼用热气和烟熏制法干燥而成。在运输和保存过程中，存放的容器上寄生着一种曲霉菌，这种霉菌会去除鲣鱼干内部的水分，使其变得更硬，也更鲜美。

椰果

在椰汁中混入木醋杆菌发酵后，就形成了椰果独特的脆弹口感。

汽水中的气泡是什么？

A 是溶解在饮料中的二氧化碳。

二氧化碳，

又叫"碳酸气"。

二氧化碳是什么?

存在于空气中的一种气体,化学式为"CO_2",燃烧天然气和木材时会产生。

我们用肉眼是看不见二氧化碳的。

人体呼吸产生二氧化碳。　燃烧天然气和木材时产生二氧化碳。

汽水中溶解二氧化碳的原理

就像盐能溶于水一样,二氧化碳也可以溶入水中。
碳酸饮料在制造过程中,通过压力作用溶入了大量的二氧化碳。

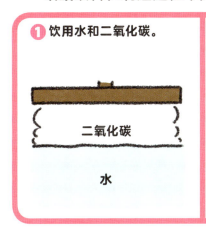

❶ 饮用水和二氧化碳。

二氧化碳

水

❷ 持续加压……

压 压 压

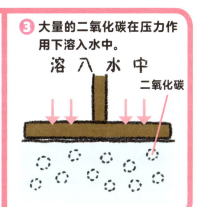

❸ 大量的二氧化碳在压力作用下溶入水中。

溶 入 水 中

二氧化碳

为什么打开汽水瓶盖就会冒泡?

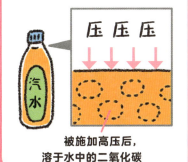

❶ 碳酸饮料中的二氧化碳在制造过程中被施加了高压。

压 压 压

被施加高压后,溶于水中的二氧化碳

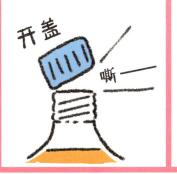

❷ 一旦打开瓶盖,容器内部的压力就会下降……

开盖

嘶——

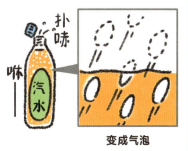

❸ 瓶中的二氧化碳无法全部溶于水中,变成了气泡。

扑哧

咻——

变成气泡

Q 冰为什么能浮在水面上？

A 将冰块儿放大观察后可以知道，冰块儿内部的空隙要比水大得多。

咦？
怎么回事……

※ 不过用放大镜是看不见的。

原理解说

其实，水和冰都是由极小的"分子"构成，冰分子之间的间隙要比水分子之间的大。

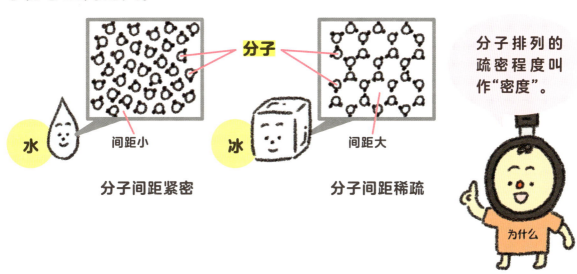

分子

分子排列的疏密程度叫作"密度"。

水　间距小

分子间距紧密

冰　间距大

分子间距稀疏

把冰放到水中，分子间距较大的冰比水要轻，因此冰就浮在水面上了。

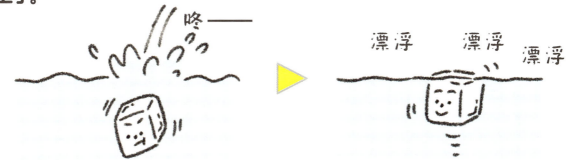

咚——

漂浮　漂浮　漂浮

这种情况例外

水快喝完时

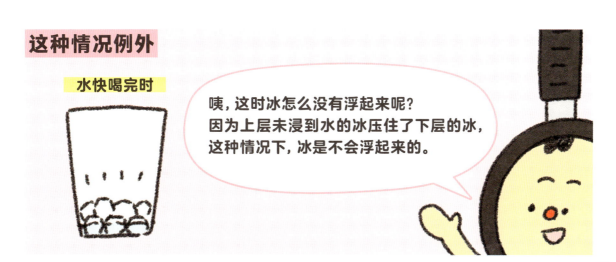

咦，这时冰怎么没有浮起来呢？
因为上层未浸到水的冰压住了下层的冰，这种情况下，冰是不会浮起来的。

Q 为什么有些盘子容易覆保鲜膜，有些盘子却不容易呢？

A 这与"分子间作用力"（也称"范德瓦尔斯力"）有关。

"范德·瓦尔斯"这个名字有点儿难记，他其实是发现分子间作用力的荷兰物理学家。

什么是分子间作用力?

分子间同时存在引力和斥力,当分子间的距离缩小到一定范围时引力就会大于斥力。

逐渐靠近……

黏在一起!

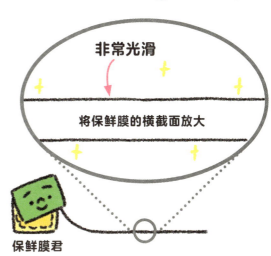

而且物体的表面越光滑,双方靠近时这种力量就越强。

非常光滑

将保鲜膜的横截面放大

用放大镜观察保鲜膜的表面,它也是很光滑的。

保鲜膜君

什么样的物品容易覆保鲜膜?

玻璃碟(容易覆膜)

紧紧覆上了

木碟(不易覆膜)

怎么也覆不好

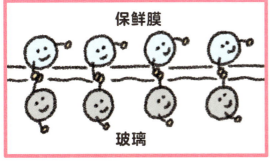

保鲜膜

玻璃

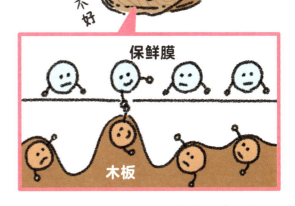

保鲜膜

木板

保鲜膜和玻璃的表面都很光滑,非常容易贴紧,两个物体之间的分子间作用力很强。

木板貌似光滑,但放大观察后却是凹凸不平的,两个物体产生的分子间作用力过小,无法将保鲜膜覆好。

Q 干冰是什么？

白烟
袅袅

寒气
逼人

A 干冰是经过特殊处理的固态二氧化碳。它的温度为零下78.5摄氏度，非常冰冷。

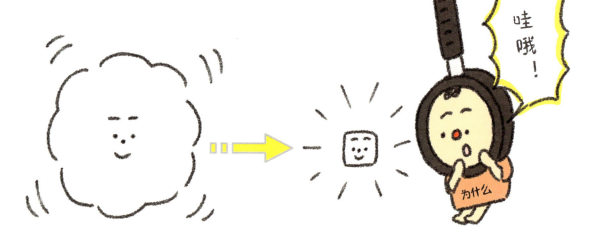

哇哦！

为什么

干冰的特点

与水遇冷成冰的道理相同，液态的二氧化碳在低温下也会凝结成固体（干冰制作运用的是压力变化等原理）。干冰与冰不同，不会在常温状态下经过一段时间后变为液体，而是直接升华为气体，这是它的一个特点。

冰

寒气　寒气

变成水

湿漉漉

干冰

变成了二氧化碳，
不着痕迹

的确是
干 冰!

干冰为什么会冒白烟？

干冰冒出的白烟并不是二氧化碳，而是空气中的水分（水蒸气）因为骤然遇冷，凝结成的冰和水的小颗粒。

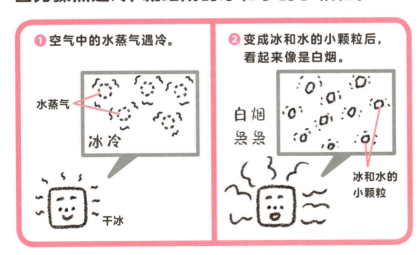

❶ 空气中的水蒸气遇冷。

水蒸气

冰冷

干冰

❷ 变成冰和水的小颗粒后，看起来像是白烟。

白烟
袅袅

冰和水的
小颗粒

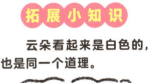

云朵看起来是白色的，也是同一个道理。

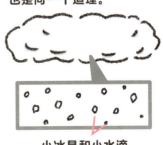

小冰晶和小水滴

大显神通的干冰

寒气 寒气

制冷

　　运输过程中可以让冰激凌始终保持冷冻的状态。干冰不会变得湿漉漉的，所以用起来很方便。

闪亮登场

制造烟雾场景

　　在舞台表演、结婚典礼、电视演出时经常被使用。与点火产生烟雾不同，干冰会自然消失，使用起来很安全。

嗒嗒嗒嗒

清洗污垢

　　用强力喷射干冰颗粒的方法，可以达到去污的效果。这种方法常用于工厂机械的去污。

注意事项

绝对不可以用手直接触碰干冰！

触碰干冰会被冻伤，就像烫伤一样疼痛。

干冰小实验
（记得一定要有大人在场）

所需物品

干冰

金属勺子

防护手套

实验方法

嘶——

如果这样会怎么样？

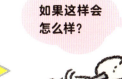

❶ 用金属勺子触碰干冰。

❷ 发出声音！

❸ 改变勺子的触碰方式。

发出声音的原因

❶ 金属勺子触碰到干冰后，干冰升华。

❷ 产生的二氧化碳将勺子轻轻托起。

❸ 二氧化碳消散后，勺子再次落到干冰上。

嘶——

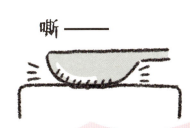

上浮

咚

快速重复❶到❸的步骤，来听听看吧！

微波炉是怎么加热食物的？

 **是机器中的微波加热了食物中的水分。**

发——射——微——波！

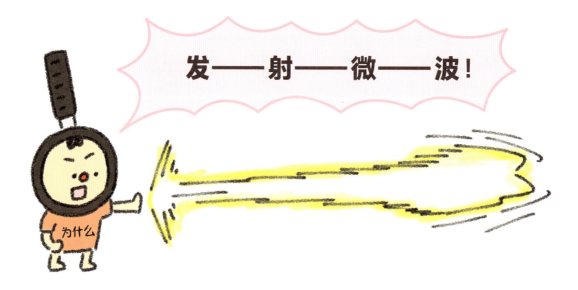

原理解说

　　微波炉启动后，内部的磁控管会发射肉眼看不见的微波。这些微波作用于食物中的水分，使其快速振荡，产生热能，从而快速加热食物。

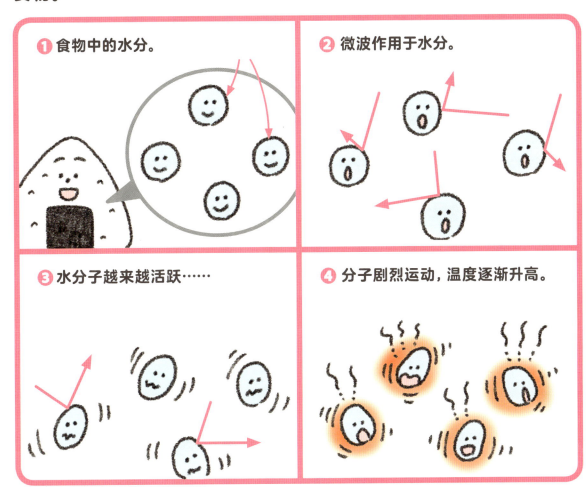

❶ 食物中的水分。

❷ 微波作用于水分。

❸ 水分子越来越活跃……

❹ 分子剧烈运动，温度逐渐升高。

拓 展 小 知 识

为什么

"微波炉"在外语中
有不同的表达方式。

在日语中，意为
"电子烤炉"。

"microwave oven"是英语
中的叫法，强调的是"微波"。

微波炉的内部结构

① 启动微波炉，内部的磁控管就会发射微波。

▼

② 微波纷纷进入炉腔。

▼

③ 炉腔内壁反弹回来的微波作用于食物。

▼

④ 食物被加热。

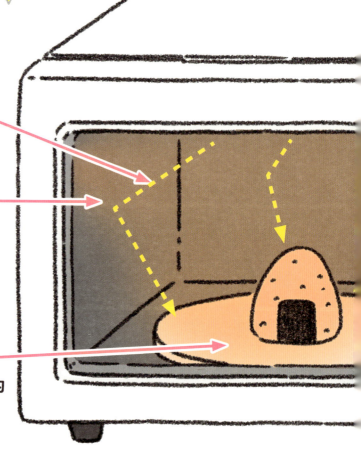

微波
（肉眼看不见）

炉腔
加热食物的地方。内壁上有可以充分反弹微波的材料。

转盘
通过转动让微波均匀作用于食物。

注意事项 在微波炉中加热鸡蛋，会引发鸡蛋"爆炸"，一定要避免。

磁控管
产生微波的部位，是微波炉的核心部件。

冷却风扇
朝着磁控管吹风，以降低温度。

高压变压器
产生磁控管所需的高电压。

控制板
按照设定好的加热时间和加热强度控制微波炉。

操作面板
设定加热时间和加热强度。

冰箱是怎么制冷的？

好冷啊！

冰箱可以制冷，靠的是"制冷剂"。

你好！
放大镜君！

制冷剂君，
你好啊！

什么是制冷剂？

制冷剂在冰箱里发挥着循环往复的功能。制冷剂通过转化为气体或者液体，可以降低冰箱内部的温度，或向外界释放热量。

放出热量，
使周围温度升高

制冷剂具有
转换形态的
特性。

制冷剂

不断在冰箱内部进行气体和液体的转换

液体

气体

吸收热量，
使周围温度降低

液体	大小（体积）不变，但形状会随着容器改变（例如：水）。
气体	大小和形状都可以发生改变（例如：空气）。

这种现象也会发生在身边……

物质从液态转化成气态时，从周围吸收的热量称为"汽化热"。

这种现象常常发生在我们身边。

凉凉的

泼水

天气炎热时，泼洒在地上的水会因为蒸发带走地面的热量，从而降低室内温度。

注射前在皮肤涂抹消毒液

当消毒液变成气体时，皮肤会感觉凉爽。

冰箱的内部结构

散热

通过散热器向外界释放热量，此时的制冷剂呈液态。

大变身！

哈哈！

向外界释放热量

摸起来好热！

冰箱的内部布满管道，这些管道中装有制冷剂。冰箱还配备有让制冷剂在液态和气态间相互转换的冷凝器和压缩机等设备。

制冷剂的转换途径

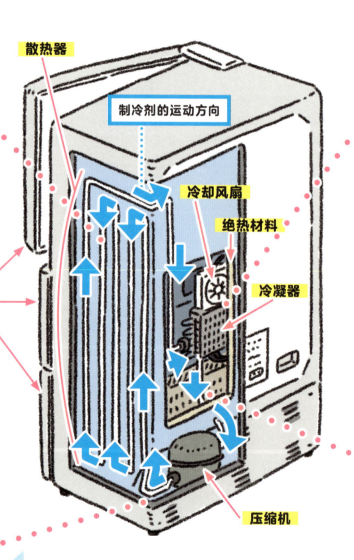

散热器

制冷剂的运动方向

冷却风扇

绝热材料

冷凝器

冷藏室

冷冻室

果菜室

压缩机

压缩

被压缩机强力压缩后，制冷剂的温度和压力就会上升。

压力

哎哟！

冷却

液体状态的制冷剂吸收周围的热量变成气体，以此来降低空气温度（制造冷气）。

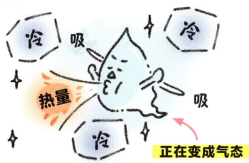

正在变成气态

产生的冷气按照需求调整后，被输送到各个隔间，由此达到事先设定好的温度。

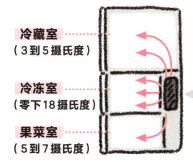

冷藏室（3到5摄氏度）

冷冻室（零下18摄氏度）

果菜室（5到7摄氏度）

冷气量经过调整后，送往各个隔间

气态

变成气体后，又进到压缩机中。

大变身！

哈哈！

拓 展 小 知 识 ①

日本的第一台家用电冰箱在20世纪30年代上市。不过在当时价格过高，并未普及。

重量157千克

价格：720日元
（当时一般为独门独院的家庭购买）

拓 展 小 知 识 ②

制冷剂不仅被用于冰箱，还在空调中发挥着巨大作用。

制冷剂君，你好厉害啊！

哪里哪里，没你说的那么神啦。

鼓掌

第3章

浴室和卫生间里的秘密

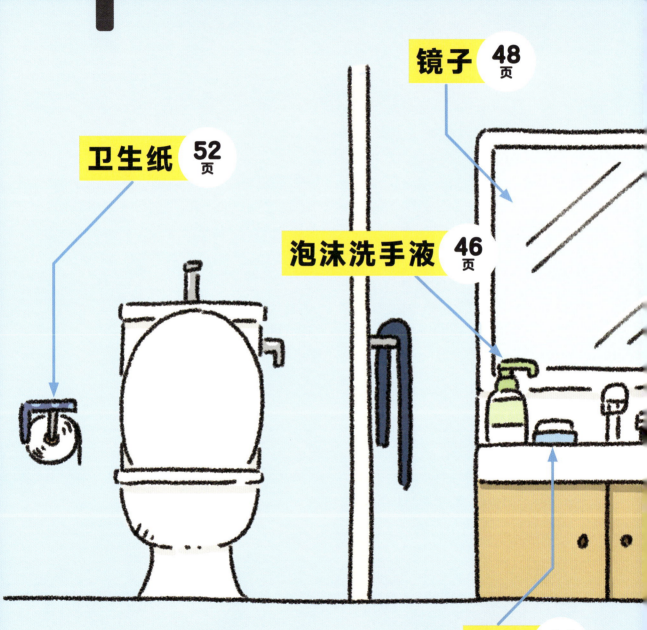

哇，好舒服呀。放大镜君最喜欢泡澡了。

每天他洗澡时都会用肥皂搓出好多泡沫，把自己洗得干干净净。

咦，为什么用了肥皂就能洗干净呢？

一想到这里，思考就停不下来了！

让我们一起来探索浴室和卫生间里的秘密吧！

 **为什么洗手的时候要用肥皂和洗手液？**

 因为肥皂和洗手液能吸附污垢和有害细菌，让它们被水一起冲走。

为什么肥皂和洗手液可以洗掉手上的污垢和有害细菌？

因为肥皂和洗手液中含有一种名为"表面活性剂"的成分，可以吸附污垢。

所以才能把手洗干净。

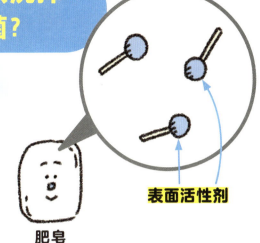

表面活性剂

肥皂

① 打湿肥皂进行搓洗时，表面活性剂就开始吸附手上的污垢。

泡沫膨胀

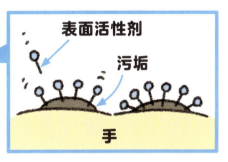

表面活性剂

污垢

手

② 表面活性剂更容易让污垢脱离双手。

一堆泡沫

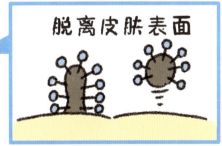

脱离皮肤表面

③ 泡沫和污垢一起被水冲走。

哗哗

哗啦啦——

 **泡沫洗手液的原理是什么？**

按一下就能出泡沫，好棒啊！

泡沫 泡沫

哈哈，是吗？

 **容器里的洗手液被挤出时要经过筛网，通过筛网后就成了泡沫。**

和吹肥皂泡的原理一样。

噗 噗——

泡沫洗手液在变成泡沫前，呈液体状。洗手液在被挤压到外面的过程中，通过了网孔细密的筛网，这时形成了泡沫。

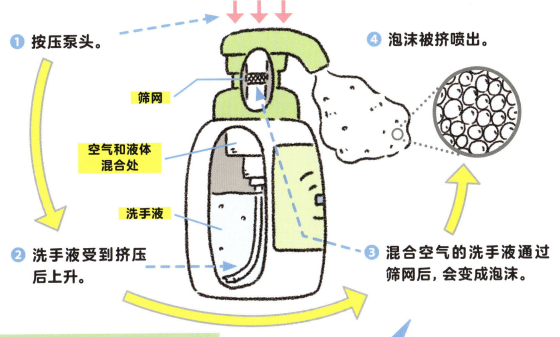

❶ 按压泵头。

筛网

空气和液体混合处

洗手液

❷ 洗手液受到挤压后上升。

❹ 泡沫被挤喷出。

❸ 混合空气的洗手液通过筛网后，会变成泡沫。

通过筛网时的详细过程

❶ 筛网处会形成一层肥皂膜。

肥皂膜

筛网

❷ 受到下方空气挤压，筛网上出现很多泡沫。

筛网

噗 噗

空气

❸ 进一步受到自下而上的空气挤压，形成丰富的泡沫。

泡沫 泡沫

空气

顺便说一下吹肥皂泡的原理。

膜

空气通过

吹出泡泡

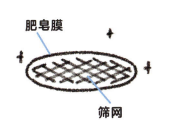
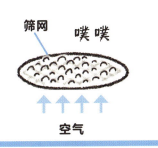
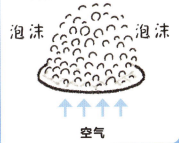
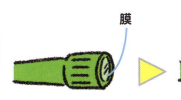

❶ 肥皂水在管口形成肥皂泡膜。

❷ 在空气的作用下膨胀。

为什么镜子能照出人影？

 **因为镜子背面所镀的金属，反射了照到的人像。**

原理解说

　　镜子不同于普通的玻璃，它的背面是不透光的。镀在镜子背面的金属层将几乎全部光线反射了回来，所以能清楚照出人影。

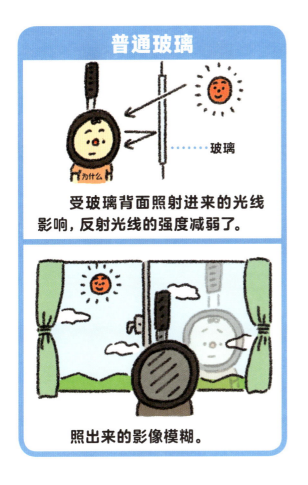

普通玻璃

受玻璃背面照射进来的光线影响，反射光线的强度减弱了。

照出来的影像模糊。

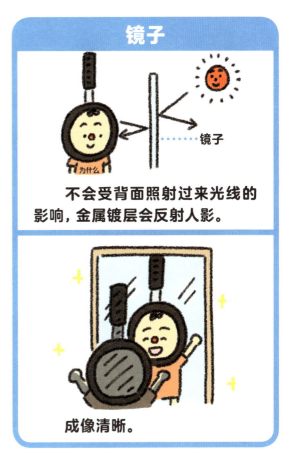

镜子

不会受背面照射过来光线的影响，金属镀层会反射人影。

成像清晰。

镜子的构造

镜子分为四层

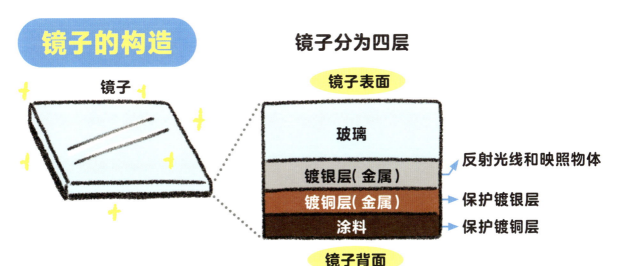

镜子

镜子表面

玻璃

镀银层（金属）——反射光线和映照物体

镀铜层（金属）——保护镀银层

涂料——保护镀铜层

镜子背面

镜子的各种妙用

口腔检查

检查口腔中不容易被看清楚的牙齿。

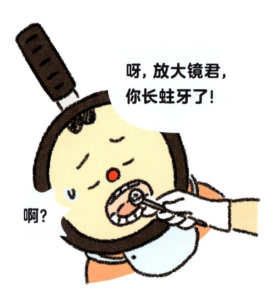

呀，放大镜君，你长蛀牙了！

啊？

下水道检查

检查下水道的水管是否堵塞。

没有问题！

宇航服

宇航员查看自己胸口的控制面板时，会用到装置在手腕上的小镜子（因为戴着头盔，无法看到自己的胸口位置）。

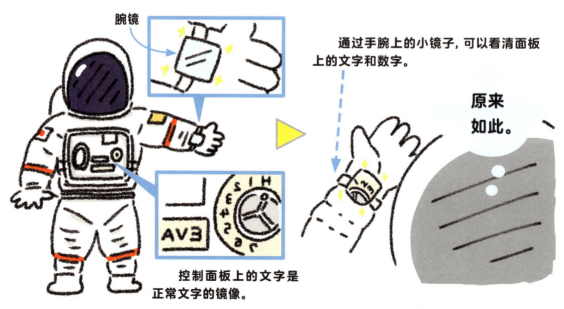

腕镜

通过手腕上的小镜子，可以看清面板上的文字和数字。

原来如此。

控制面板上的文字是正常文字的镜像。

汽车上装置的各类镜子

轿车

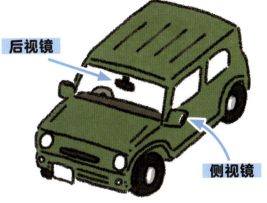

后视镜

侧视镜

这些是为了确认车后方和侧方情况而安装的镜子。

汽车种类不同，安装的镜子也不同。

为什么

警车

内后视镜

外后视镜

警车巡逻通常由两个人一起执行，所以一般副驾驶座也安装了外后视镜。

卡车

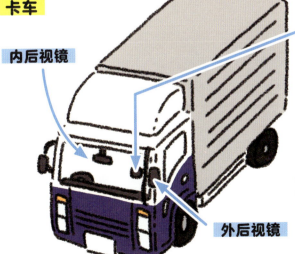

内后视镜

照地镜

驾驶员可以看到难以观察的车下方情况。

驾驶员透过照地镜看到的情况。

外后视镜

Q 卫生纸和面巾纸有什么不同？

我是卫生纸。

我是面巾纸。

A 把两种纸放到水中，会发现纸张的碎裂程度不一样。

卫生纸　　　面巾纸

卫生纸和面巾纸的用途不同，采取的制造方式也不同。

卫生纸

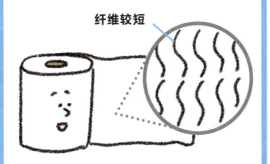

纤维较短

放大观察卫生纸就会发现，其中每根纤维都很短，而且纤维之间的连接处并不紧密。

水溶性强

遇水后，很容易散成碎屑。

所以就算直接冲入厕所，也不会阻塞管道。

啊

变成碎屑

面巾纸

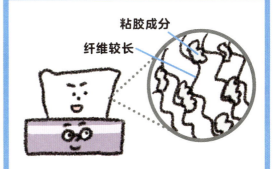

粘胶成分

纤维较长

放大观察面巾纸，每一根纤维都很长，而且其中内含粘胶，每根纤维都被紧紧粘在一起。

水溶性弱

在水中搅拌也不易发生碎裂。

就算用来擦鼻涕，面巾纸也不会碎裂。

没问题！

为什么

关于卫生纸和面巾纸的知识

将卫生纸和面巾纸朝两个不同的方向撕扯……

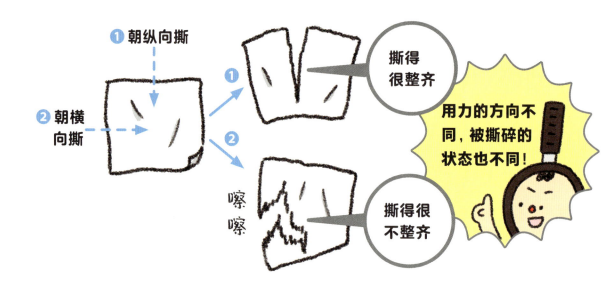

① 朝纵向撕

② 朝横向撕

① 撕得很整齐

② 撕得很不整齐

嚓嚓

用力的方向不同，被撕碎的状态也不同！

原因在于造纸方式不同

制造卫生纸等纸张有"抄纸"这道工序，此时细小纤维的方向变为一致。因此以不同的方向撕扯，纸张的撕裂程度也不同。

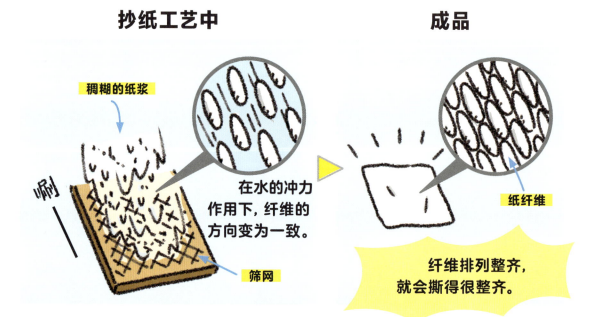

抄纸工艺中

稠糊的纸浆

刷

筛网

在水的冲力作用下，纤维的方向变为一致。

成品

纸纤维

纤维排列整齐，就会撕得很整齐。

利用回收的牛奶盒可以制成卫生纸。

6个牛奶盒 → 1卷卫生纸（65米）

面巾纸之所以能被一张接一张地抽取，是因为已被一张张整齐压叠放入了盒内。

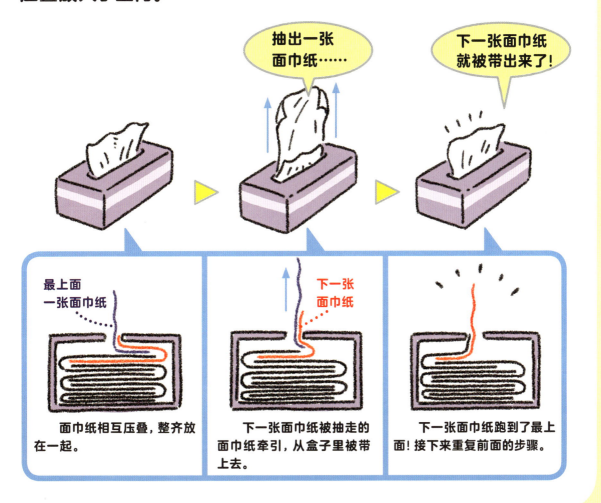

抽出一张面巾纸……

下一张面巾纸就被带出来了！

最上面一张面巾纸

下一张面巾纸

面巾纸相互压叠，整齐放在一起。

下一张面巾纸被抽走的面巾纸牵引，从盒子里被带上去。

下一张面巾纸跑到了最上面！接下来重复前面的步骤。

 洗发水和护发素有什么不同？

 洗净头发上污垢的是洗发水，让头发变顺滑的是护发素。

洗发水中含有与肥皂相似的成分，护发素中含有让头发光滑滋润的成分。

里面添加了起泡和去污的成分。

里面添加了让头发柔顺滋润的成分。

洗发水　　**护发素**

洗发水、护发素的效果

头发放大图

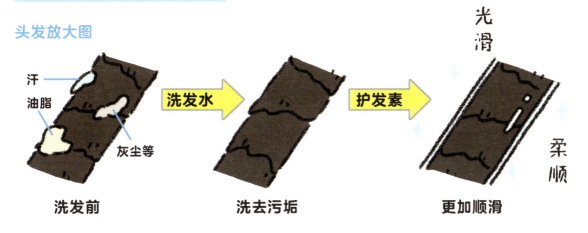

汗
油脂
灰尘等

洗发水　**护发素**

光滑

柔顺

洗发前　　　洗去污垢　　　更加顺滑

拓展小知识

为了方便使用者分辨，一些洗发水的瓶身和泵头上会有一排凸起。这样即使闭着眼睛洗头，也能够分辨哪一瓶是洗发水。

顶部

太棒了！

侧面

洗发水

Q 出现在浴室和食物中的霉菌到底是什么?

A 霉菌是一种容易在潮湿阴暗环境中生长的真菌。大量繁殖后, 外观呈黑色。

霉菌在生长过程中会释放一种肉眼看不见的、近似小种子的"孢子"。孢子会随着空气飘散到各处。

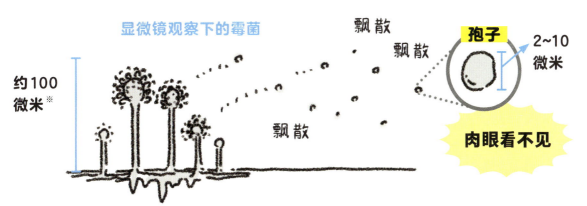

显微镜观察下的霉菌

约100微米※

飘散 飘散 飘散

孢子

2~10微米

肉眼看不见

※1微米是1毫米的千分之一。

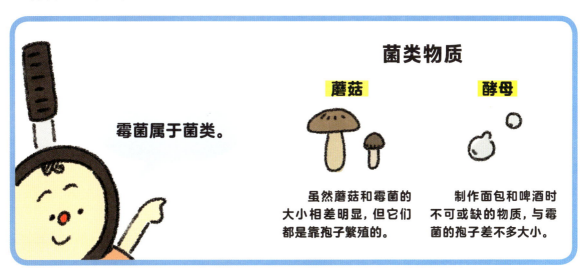

霉菌属于菌类。

菌类物质

蘑菇

虽然蘑菇和霉菌的大小相差明显，但它们都是靠孢子繁殖的。

酵母

制作面包和啤酒时不可或缺的物质，与霉菌的孢子差不多大小。

霉菌会出现在这些地方……

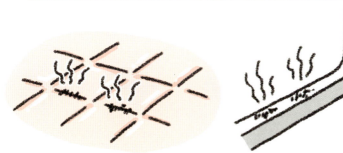

浴室瓷砖　　　**窗边的橡胶部分**　　　**过期食物**

霉菌为什么会出现在浴室的墙壁上？

霉菌孢子虽然无处不在，却并非在哪里都能生长。浴室里兼具水分和细菌生长所需的养分(污垢)，所以容易滋生霉菌。

霉菌很善于利用面包等食物中所含的水分，以供自身生长。

为什么

❶ 飘浮在空气中的孢子们。

肉眼看不见

❷ 孢子落到地面上。

着陆

这里的水分和养分都很充足啊！

啊哈哈……

❸ 以表面活性剂等作为养分逐渐生长。

着陆　蔓延　疯长

❹ 变大变多，看起来黑黑的。

预防霉菌的方法

❶ 避免水分残留。

擦　擦

❷ 经常通风。

❸ 日常清洁。

咻——

清洁剂

庞大的霉菌家族

　　霉菌的种类数以万计，其中既有对人体有害的，也有对人体有益的。比如制作药品和食品的霉菌，都属于对人类有益的霉菌。另外，霉菌通常都喜欢阴暗潮湿的环境，但也有喜欢干燥环境的。

毛霉菌

　　容易滋生在浴室和厕所的墙壁上，会造成皮肤过敏。

链格孢菌

　　通常滋生在被子和空调内部。这种细菌比较顽固，一般的除菌洗剂很难去除。

镰刀菌

　　广泛存在于河流、泥土中。

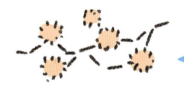

曲霉菌

　　喜欢偏干燥的地方。日本人在制作鲣鱼干的时候，会添加这种菌类进行霉化。

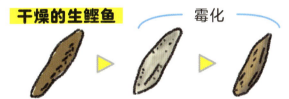

干燥的生鲣鱼　　　　霉化

　　制作鲣鱼干时，会经过"在特殊的房间里霉化→室外晒干"的步骤。重复这样的工艺，可以使鲣鱼体内的水分锐减，增加它的保存时间和美味口感。

青霉菌

　　可以用于制作奶酪，也是青霉素药物的来源。

　　霉菌家族里，不是只有危害人类的坏家伙，也有很多人类的好朋友哟。

Q 城市用水来自何处, 会去往哪里?

❶ 落入山中的雨水渗入土地。

❷ 流入河流和水库。

大坝

❸ 净水厂将水处理干净。

取水塔

净水厂

堤坝

净水厂和污水处理厂会把水处理干净。

啊!

河流

 **城市用水会以 ① ～ ⑧ 的顺序循环往复。**

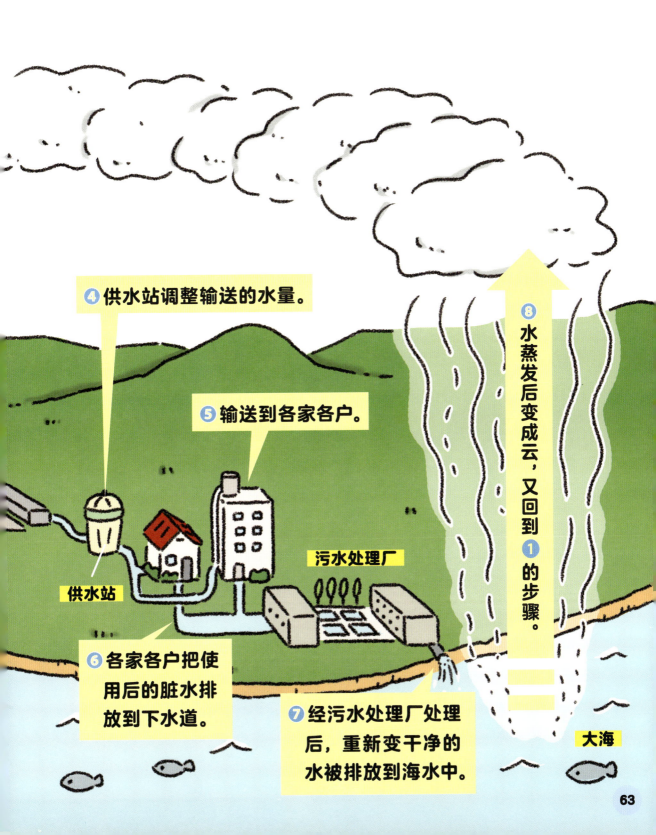

④ 供水站调整输送的水量。

⑤ 输送到各家各户。

供水站

污水处理厂

⑥ 各家各户把使用后的脏水排放到下水道。

⑦ 经污水处理厂处理后，重新变干净的水被排放到海水中。

⑧ 水蒸发后变成云，又回到 ① 的步骤。

大海

污水处理厂的处理过程

污水的净化过程

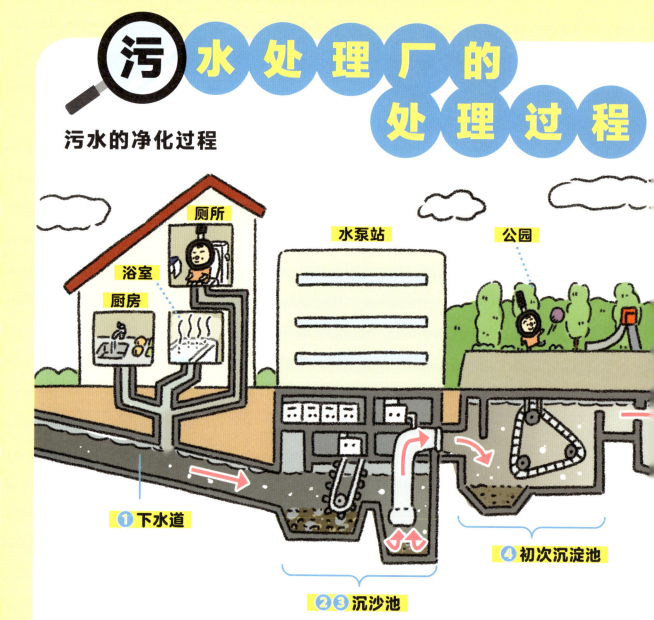

1. 水从家中的厕所和浴室流入下水道。

2. 沉沙池利用重力作用，去除污水中密度较大的垃圾和泥沙等物质。

3. 用泵把水抽到初次沉淀池。

4. 初次沉淀池的主要作用是降低污水中的悬浮固体浓度。

曝气池中活跃的微生物们

这些小生物会帮助我们把污水中的脏东西吃光，所以水就变干净了。

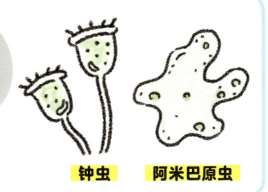

钟虫　　**阿米巴原虫**

⑥最终沉淀池　　**⑦消毒设施**

灌入空气，让微生物充满活力。

⑤曝气池

⑧排放

⑤ 在曝气池微生物会吃掉污水中较小的脏东西。

⑥ 吃饱了的微生物质量增加，逐渐下沉，上层的水进入最终沉淀池进行二次沉淀。

⑦ 消毒设施用氯气消毒，杀死二次沉淀后水中的细菌。

⑧ 将净化后的水排放到河流和大海中。

第4章 客厅里的秘密

放大镜君正在看电视……

丁零丁零——啊，手机响了！

说起来，手机是怎么接通的呢？

看来客厅里也隐藏着很多秘密呢！

让我们一起来探索吧！

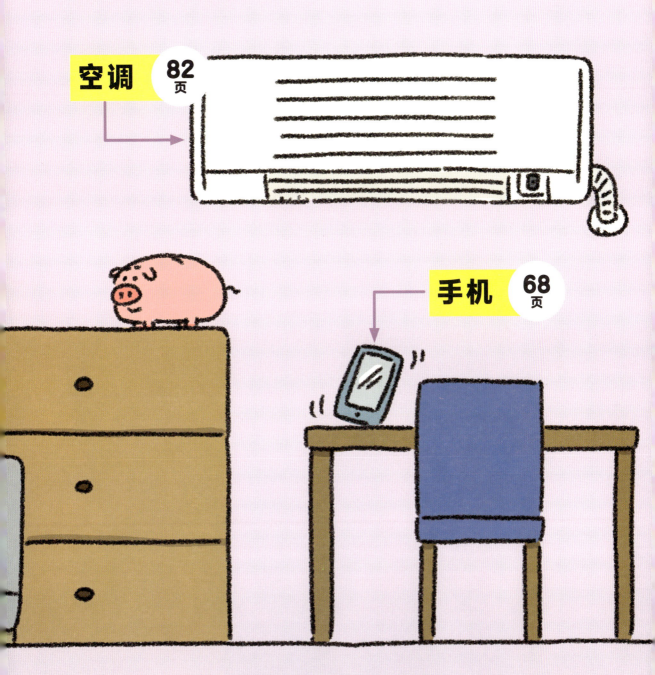

空调 82 页

手机 68 页

手机是怎么接通的？

手机拨打电话时发出电磁波，通过公用移动通信基站连接上了对方的手机。

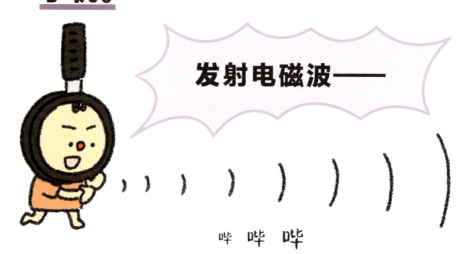

原理解说

　　手机拨打电话后，距离最近的基站就会接收到它发出的电磁波。之后经过多处，到了距离对方手机最近的基站，再次将信号转换为电磁波，连接上对方的手机。

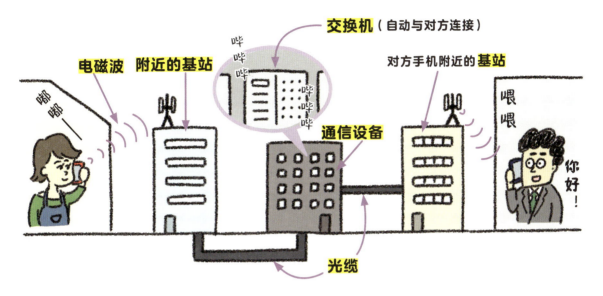

老式电话的通话原理

　　老式电话无法直接连上对方电话，需要通过电话局的接线员操作一种专业设备，对方才能接到。

❶ 告诉接线员电话打给谁。　　**❷** 接线员操作设备进行连接。　　**❸** 连上对方电话。

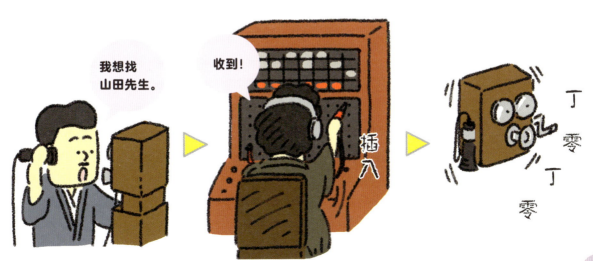

为什么电池能让电器运转起来？

平时承蒙关照，不胜感激！

哪里哪里，我们才要谢谢你们呢！

因为通电时，电池在其内部发生了化学反应并产生了电流。

干电池的内部结构（以碱性干电池为例）

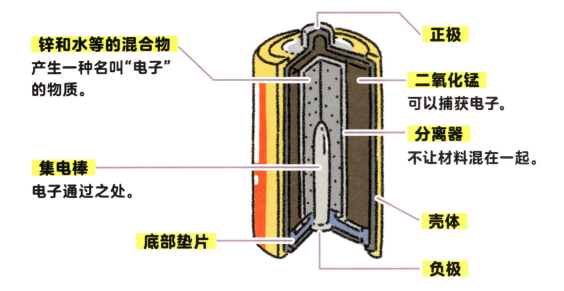

锌和水等的混合物
产生一种名叫"电子"的物质。

集电棒
电子通过之处。

底部垫片

正极

二氧化锰
可以捕获电子。

分离器
不让材料混在一起。

壳体

负极

干电池产生电流的原理

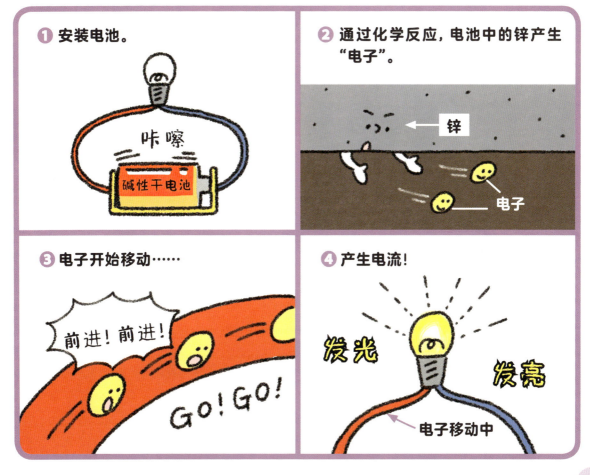

❶ 安装电池。

咔嚓

碱性干电池

❷ 通过化学反应，电池中的锌产生"电子"。

锌

电子

❸ 电子开始移动……

前进！前进！

GO！GO！

❹ 产生电流！

发光

发亮

电子移动中

各种各样的干电池

电池分为很多种。平时常见的干电池属于"化学电池"。

化学电池

利用化学反应产生电流的电池。

一次电池

一次性电池，不能充电，否则会引发事故。例如：

锌锰电池

常见的干电池。不使用的时候，电量会部分复原。适用于遥控器。

碱性电池

比干电池的使用寿命长。适用于放电量较大以及被长时间使用的机器上，比如带发动机的玩具。

锂电池

通常形似硬币，常用在手表、电子计算器和游戏机上。

物理电池

利用光能或热能产生电流的电池，例如：

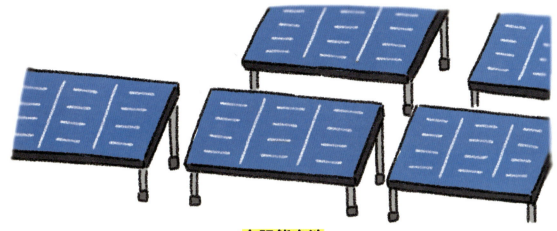

太阳能电池

可以把太阳的光能转化成电能，不会释放二氧化碳，比较环保。

二次电池

这种电池可以充电，反复使用，例如：

锂离子电池

设备轻巧、能量充足。广泛应用于手机、笔记本电脑等。

燃料电池

把燃料在燃烧过程中释放的化学能直接转换成电能，比较环保清洁，例如：

家用燃料电池系统

也叫作"燃料农场"。从城市管道燃气（天然气）中提取氢气，制取的氢气与空气中的氧气在燃料电池中发生化学反应，产生电力。

 **电视机是怎么显示颜色的？**

 **把红、绿、蓝三种颜色调和在一起，就能显示各种颜色了。**

只要有三种颜色　　就够了。

为什么

把电视机的画面放大观察……

可以发现很多颜色都是由红、绿、蓝三种颜色组合而成的。

放大图

用放大镜
就能看到！

红 绿 蓝

原理解说

红、绿、蓝被称为"光的三原色"，通过改变这三种颜色的混合比例，可以调出各种各样的颜色。

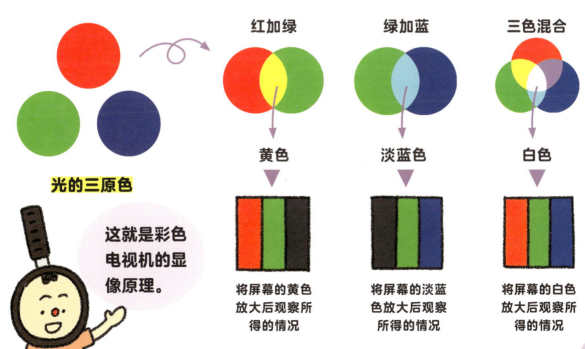

光的三原色

这就是彩色
电视机的显
像原理。

红加绿 → 黄色

绿加蓝 → 淡蓝色

三色混合 → 白色

将屏幕的黄色
放大后观察所
得的情况

将屏幕的淡蓝
色放大后观察
所得的情况

将屏幕的白色
放大后观察所
得的情况

电视节目如何传送到千家万户

电视信号的传输方式包括卫星传输、地面无线传输、有线传输，下面展示前两种传输方式。

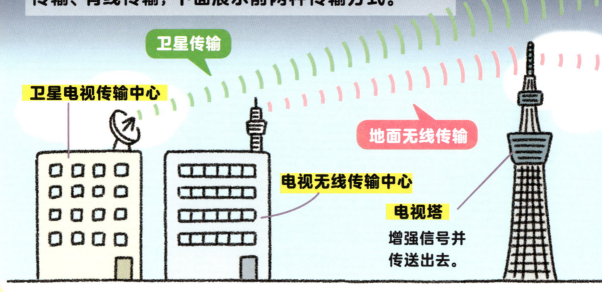

卫星传输

卫星电视传输中心

地面无线传输

电视无线传输中心

电视塔
增强信号并传送出去。

电视机的构造（以液晶电视为例）

彩色滤光片或液晶（液态晶体，通电时分子会改变方向的特殊物质）都像三明治那样重叠在一起。

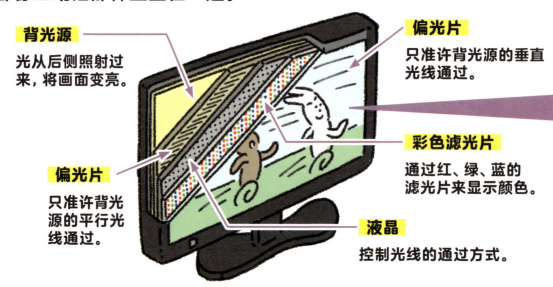

背光源
光从后侧照射过来，将画面变亮。

偏光片
只准许背光源的垂直光线通过。

彩色滤光片
通过红、绿、蓝的滤光片来显示颜色。

偏光片
只准许背光源的平行光线通过。

液晶
控制光线的通过方式。

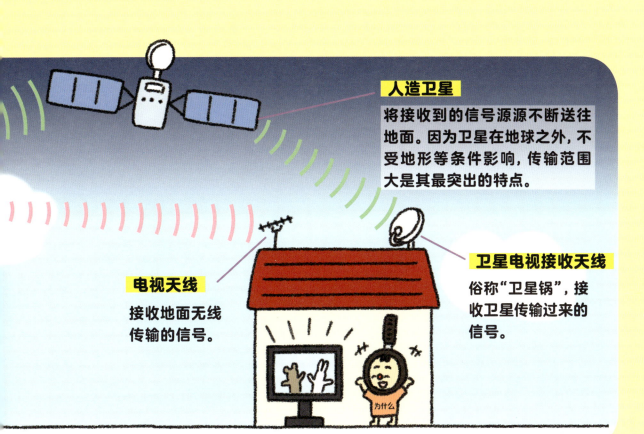

人造卫星
将接收到的信号源源不断送往地面。因为卫星在地球之外，不受地形等条件影响，传输范围大是其最突出的特点。

卫星电视接收天线
俗称"卫星锅"，接收卫星传输过来的信号。

电视天线
接收地面无线传输的信号。

液晶电视显像的基本原理

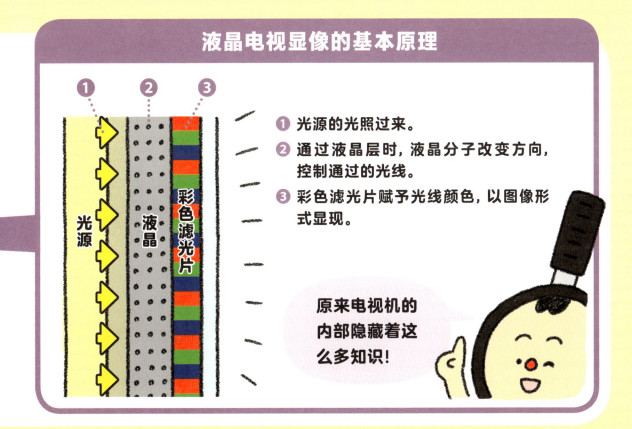

① 光源

② 液晶

③ 彩色滤光片

① 光源的光照过来。

② 通过液晶层时，液晶分子改变方向，控制通过的光线。

③ 彩色滤光片赋予光线颜色，以图像形式显现。

原来电视机的内部隐藏着这么多知识！

Q 为什么按下遥控器的按钮，就能打开电视机？

我们是好朋友！

A 因为按下按钮后，遥控器会发出一种肉眼看不见的红外线信号。

红外线发射！

哔 哔 哔 哔

原理解说 1

遥控器的前端装置有一个发光二极管，红外线的信号就是从这里发射出去的。

发光二极管（LED）

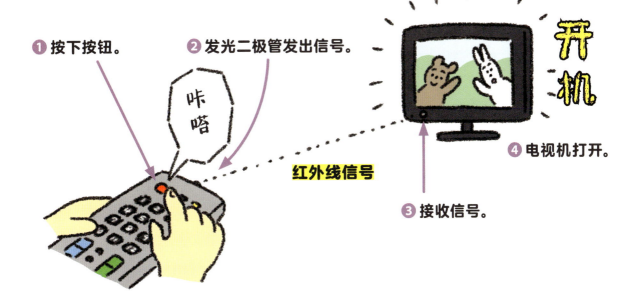

❶ 按下按钮。

咔嗒

❷ 发光二极管发出信号。

红外线信号

开机

❹ 电视机打开。

❸ 接收信号。

原理解说 2

按下电源、音量、频道等不同的按钮，遥控器就会发出不同种类的信号。

不同的设备，发出的信号也不同。

所以使用电视机的遥控器无法打开空调。

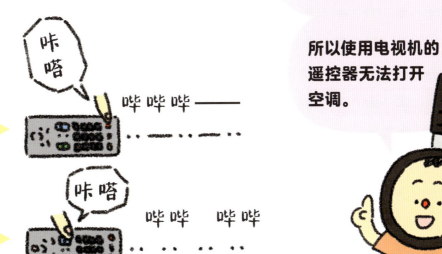

咔嗒

电源按钮

哔哔哔————

咔嗒

音量按钮

哔哔　哔哔

为什么

尝试使用遥控器
（需要大人陪同）

所需器材

电视机遥控器　空调遥控器
照明遥控器

各类遥控器

数码照相机

摄像机也可以

实验方法

从上面看是
这个样子。

❶ 打开照相机，把镜头这样
对准遥控器底部。

啪

❷ 把房间的灯关了。

咔嗒

❸ 按下遥控器按钮的同时，
观察照相机的显示屏。

结果……

显示屏　　　遥控器

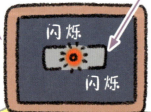

闪烁
闪烁

在照相机的显示屏上可以看到发光
二极管在闪烁，而肉眼无法观察到。

用不同的按钮和
其他遥控器再试
一试。

闪烁的
方式不同！

闪烁
闪烁

再用别的遥控器来试试！

身边的红外线设备

自动门：门上方装有红外线感应器，当人或物体靠近时，感应器会向控制器发送信号。

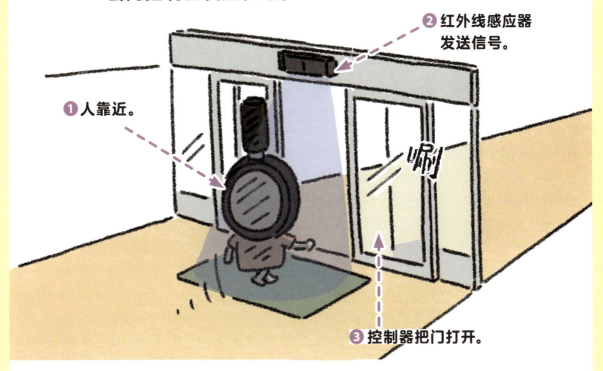

❷ 红外线感应器发送信号。

❶ 人靠近。

刷

❸ 控制器把门打开。

取暖设备：红外线有加热的功能，被应用于暖炉上。

电暖炉

暖桌（又名被炉）

红外线

不过，发出红光是因为灯泡被涂成了红色。

因为红外线本身是看不见的。

为什么

空调为什么既能制冷又能制热？

 空调通过改变内部制冷剂的运动方向，就可以在制冷和制热之间切换。

制冷剂君，
我们又见面了！

哈哈，
我又来了。

在空调中同样大显身手的制冷剂

制冷剂在空调中也发挥着巨大作用，而且空调中的制冷剂通过由气体转化成液体，还可以制热。

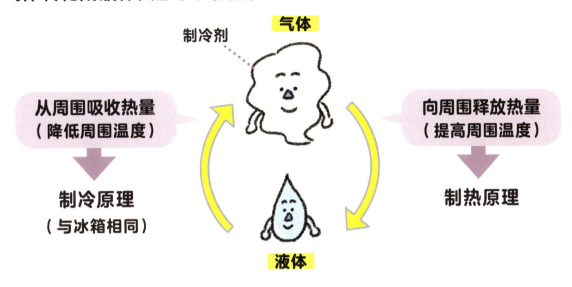

气体

制冷剂

从周围吸收热量
（降低周围温度）

↓

制冷原理
（与冰箱相同）

向周围释放热量
（提高周围温度）

↓

制热原理

液体

空调的内部结构

空调是由装在屋内的"内机"和屋外的"外机"组成，制冷剂循环往复于两者之间。制冷还是制热，由制冷剂的运动方向决定。

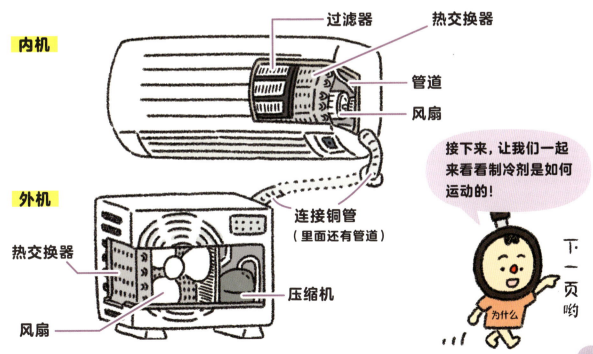

内机

过滤器　　热交换器

管道

风扇

外机

连接铜管
（里面还有管道）

热交换器

风扇

压缩机

接下来，让我们一起来看看制冷剂是如何运动的！

下一页哟

空调制冷和制热的原理

制冷时

内机的热交换器将制冷剂从液体转化为气体时，会降低周围的温度（与冰箱的制冷道理相同）。这时，热风会从外机排放出去。

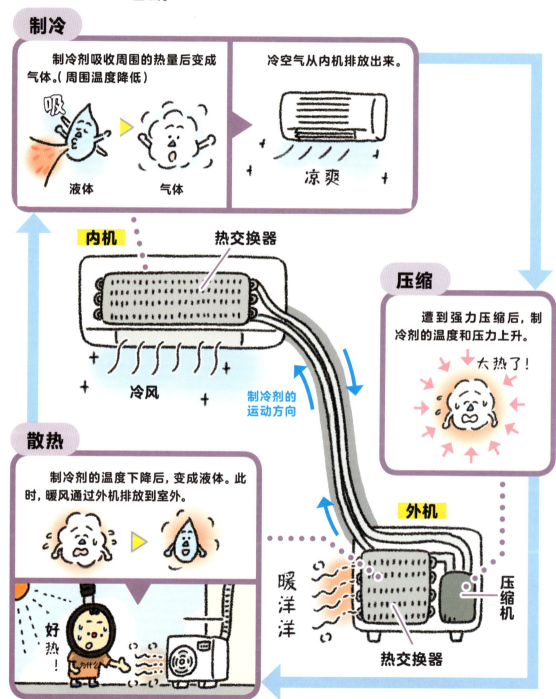

制冷

制冷剂吸收周围的热量后变成气体。（周围温度降低）

吸

液体　　气体

冷空气从内机排放出来。

凉爽

内机　　　热交换器

冷风

压缩

遭到强力压缩后，制冷剂的温度和压力上升。

太热了！

制冷剂的运动方向

散热

制冷剂的温度下降后，变成液体。此时，暖风通过外机排放到室外。

好热！

为什么

暖洋洋

外机

压缩机

热交换器

制热时

制冷剂的运动方向刚好与空调制冷时相反。因此，内机的热交换器和外机的热交换器是交替运行的。

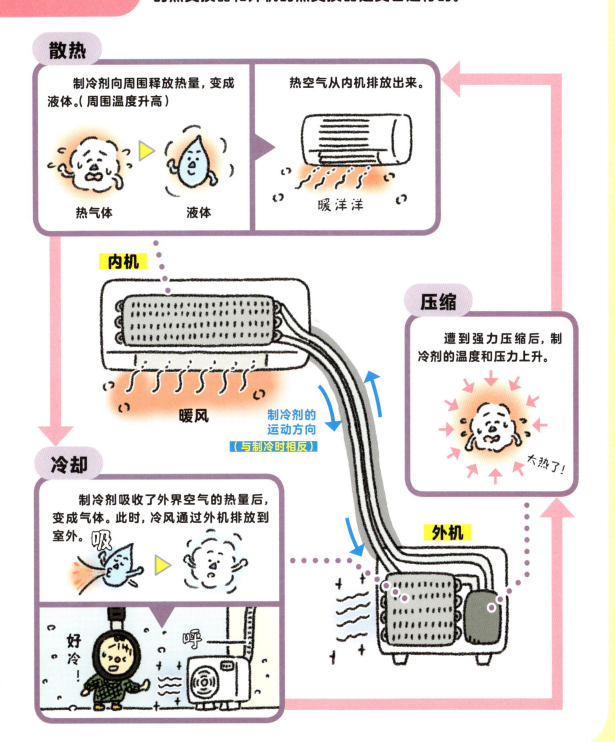

散热

制冷剂向周围释放热量，变成液体。（周围温度升高）

热气体 ▶ 液体

热空气从内机排放出来。

暖洋洋

内机

暖风

制冷剂的
运动方向
【与制冷时相反】

压缩

遭到强力压缩后，制冷剂的温度和压力上升。

太热了！

冷却

制冷剂吸收了外界空气的热量后，变成气体。此时，冷风通过外机排放到室外。

吸 ▶

外机

好冷！ 呼

再见!

[日]上谷夫妇　著

日本奈良县人，现居神奈川县。夫妻档科普创作组合，以"理科插画师"的身份展开各种创作活动。主要作品有《烧杯君和放学后的实验室》《烧杯君和它的伙伴们》等。

Twitter @uetanihuhu

[日]左卷健男　监修

日本东京大学讲师，原法政大学教授。1949年出生于栃木县。毕业于千叶大学教育学系（物理化学方向）、东京学艺大学教育学研究科（物理化学方向）。《理科的探险》编辑、日本中学理科教科书编委会成员。著作有《3小时搞懂日常生活中的科学》《有趣得让人睡不着的物理》《有趣得让人睡不着的化学》等。

参考资料

一般财团法人 家电产品协会 编：《家电产品工程师资格 生活家电的基础和产品技术2013年版》，NHK出版

王子制纸 编著：《纸的知识100》，东京书籍

大高敏男 著：《解谜"热力泵"基础的基础》，日刊工业新闻社

岸上祐子、嶋田泰子 著：《水的使用、水的排放》，SAERA书房

讲谈社BC 编：《分解爱好者！》，讲谈社

佐藤银平 著：《家电产品知多少I》，东京书籍

佐藤银平 著：《家电产品知多少II》，东京书籍

乔尔·鲁波姆、古蕾曼·鲁波姆 著：《Scienceplus物体结构大图鉴》，世界文化社

中岛春紫 著：《日本传统发酵的科学》，讲谈社

日本防菌防霉学会 编：《了解和预防细菌霉菌的60个智囊》，化学同人

福田京平 著：《了解电池的一切》，技术评论社

藤泷和弘 著：《分解！把家电拆开试试！》，技术评论社

森下信 著：《知道就理解！机器的结构》，朝仓书店

冷冻技术和生活研究会 编：《冷冻技术的科学》，日刊工业新闻社

图书在版编目（CIP）数据

放大镜君和家中的科学 /（日）上谷夫妇著 ;（日）
左卷健男监修 ; 程俐译. -- 石家庄 : 花山文艺出版社,
2022.12（2023.9 重印）
ISBN 978-7-5511-6271-5

Ⅰ. ①放… Ⅱ. ①上… ②左… ③程… Ⅲ. ①科学知
识－儿童读物 Ⅳ. ①Z228.1

中国版本图书馆CIP数据核字（2022）第166405号

中国河北省版权局登记　冀图登字：03-2022-044

Originally published in Japan by PIE International
Under the title なぜなぜ?かいけつルーぺくん おうちのふしぎをさがせ!
（Naze Naze Kaiketsu Loupe Kunn Ouchino Fushigiwo Sagase!）
© 2019 Uetani-huhu / PIE International
PIE International Parts of the content in the Simplified Chinese edition are different from the original edition due to localization.
Simplified Chinese translation rights arranged through Bardon-Chinese Media Agency, Taiwan

本书中文简体版权归属于银杏树下（上海）图书有限责任公司

书　　名：**放大镜君和家中的科学**
Fangdajing Jun he Jia Zhong de Kexue

著　　者：[日]上谷夫妇
监　　修：[日]左卷健男
译　　者：程　俐

选题策划：北京浪花朵朵文化传播有限公司
出版统筹：吴兴元
编辑统筹：冉华蓉
责任编辑：温学蕾
责任校对：李　伟
特约编辑：阿　敏
美术编辑：王爱芹
营销推广：ONEBOOK
装帧制造：墨白空间·闫献龙
出版发行：花山文艺出版社（邮政编码：050061）
　　　　　（河北省石家庄市友谊北大街330号）
印　　刷：河北中科印刷科技发展有限公司
经　　销：新华书店
开　　本：787 毫米 × 1092 毫米　1/16
印　　张：6
字　　数：57 千字
版　　次：2022 年 12 月第 1 版
　　　　　2023 年 9 月第 2 次印刷
书　　号：ISBN 978-7-5511-6271-5
定　　价：78.00 元

读者服务：reader@hinabook.com 188-1142-1266
投稿服务：onebook@hinabook.com 133-6631-2326
直销服务：buy@hinabook.com 133-6657-3072
官方微博：@ 浪花朵朵童书